# „Das Leben leben"

## in all seinen Farben

Nadin Brunkau

Copyright © 2015

2. Auflage

Impressum:

Nadin Brunkau

c/o Papyrus- Autoren-Club

R.O.M. Logicware GmbH

Pettenhofer Str. 16-18

10247 Berlin


Umschlagsgestaltung:

Kathi Roestel, Berlin

(http://littlebluebox.jimdo.com)

ISBN: 15 19 36 49 70
ISBN-13: 978- 1519 3649 75

# WIDMUNG

Den Mutigen gehört die Welt ...

Nadin Brunkau

# INHALT

Nadin Brunkau

Vorwort oder so …

# Vom Leben schreiben

… ist ein Titel, der geradezu dazu einlädt, ein Fortsetzungsband zu werden.

Wie könnte ich sonst in dem schmalen Buch all den Facetten des Lebens auch nur annähernd gerecht werden? Entstanden ist die Idee, der Gedanke, so trivial das auch erscheint, nach den vielen Rückmeldungen auf meinen Blog. Da wechseln sich öffentliche Kommentare mit persönlichen Nachrichten ab, von Menschen, die die Worte meiner Beiträge nicht nur gelesen haben, sondern fühlten.

Die Worte, die manchmal so schwer zu finden sind, für das, was wir gemeinhin das „Leben" nennen. Das so komplex, abwechslungsreich, glücklich machend oder schmerzhaft sein kann, dass wir nicht selten Probleme haben, die geeigneten Ausdrücke dafür zu finden.

Dieses Buch ist kein „Lebensratgeber" im klassischen Sinne. Vielmehr sind es Gedanken, Geschichten und Gedichte zu diesen einzigartigen Momenten, die das Leben selber schreibt: manchmal schwer zu ertragen, ein anderes Mal glücklich machend. Hin und wieder lassen sie uns zweifeln, fast verzweifeln, nur um uns dann ein anderes Mal zu Könige im eigenen Königreich unseres Lebens zu machen.

Nadin Brunkau

# Glücklich sein

Manchmal ist es so ein profaner Wunsch: Glücklich sein.

Die Blicke der anderen, als hätte man sich eben gerade den Millionen Jackpot oder ein anderes unerreichbares Gut gewünscht. „Glücklich?", wiederholt eine schließlich mutig nachfragend. Sie spricht dabei das Wort aus, als wäre es ein Zungenbrecher und nur vergleichbar mit dem Zustand, den wenige auserwählte Gläubige nach dem Besuch des Garten Eden je wirklich erreichen.

„Was ist denn „glücklich" für dich?"
Eine andere hat grübelnd die verschlossene Pforte vor dem himmlischen Garten schweigend studiert.
„Zufrieden sein!", erwidert die Wünschende leise. „Zufrieden mit mir selbst und beschenkt mit dem einen oder anderen Lichtblick, der gelegentlich flüchtig als Glück bezeichnet wird."
„Ich verstehe was du meinst, aber „glücklich" – ha ... dafür bedarf es doch so viel!"
„Zumindest mehr als im Moment zur Verfügung steht!" Ein Zuspruch einer Dritten in der kleinen Runde.

Sie unterbrechen für einen Moment als die gutgelaunte Bedienung die großen Tassen Kaffee mit der Milchschaumkrone bringt und ihnen lächelnd einen „Guten Appetit" mit dem Hinweis auf das an der Seite stehende Frühstücksbuffet wünscht.
„Die ist auch glücklich heute Morgen!"
Ein Unterton, irgendwo zwischen Sarkasmus, Bewunderung und Neid, verlässt auf dem Rücken der bedienenden Frau die kleine Gruppe der jungen Mütter.

„Um glücklich zu sein, muss man sich doch erst mal selbst wieder spüren!"

Ein Knacken beim Abbeißen vom frischen Brötchen.
„Und ich weiß gerade beim besten Willen nicht mehr wer ich bin, neben den Rollen der Mutter, Hausfrau und Ehefrau und nicht zu vergessen, dem Milchautomat!"
Mit einem prüfenden Griff an den Brustkorb spürt sie den Milcheinschuss, den der im Kinderwagen liegende Säugling draußen an der frischen Luft gerade verschläft.
„Dann genieß ihn doch jetzt – diesen Augenblick mit uns. Johannes wird noch früh genug wach und der Große ist im Kindergarten versorgt."
„Ich kann das so schlecht. Einfach mal abschalten. In meinem Kopf reihen sich ständig die gleich kommenden oder noch zu erledigenden Dinge aneinander."
Sie murrt und nimmt lustlos einen weiteren Bissen von dem ebenso lieblos und hektisch geschmierten Marmeladenbrötchen.

„Versuch es einfach. Das hier wäre jetzt deine halbe Stunde!"
Ein aufmunterndes Zuzwinkern weicht dem kritischen Blick einer anderen.
„Was ist denn mit dir passiert? Hast du einen „carpe-diem" Kurs besucht?"
„Genieße das Leben und hadere nicht?"
Der ironische Unterton einer weiteren Äußerung entgeht ihr nicht.
Sie atmet tief ein.
„Viel schlimmer. Ich war in einem Kurs „wenn alles trostlos ist" und „täglich grüßt das Murmeltier"- noch abwechslungsreich zu deinem Alltag erscheint."
Ein Schluck von dem warmen Kaffee dessen Milchschaum herrlich süß schmeckt.
„Ganz tief im Keller unten, ohne Tageslicht und ohne einen einzigen Lichtblick."

Schweigen herrscht in der sonst so gesprächigen kleinen Runde Kaffee trinkender Frauen immer am Mittwochmorgen.

Der Blick der anderen verrät, dass sie wissen, wovon die eine spricht. Die eine der Mütter mehr, die andere weniger. Eine Dritte senkt ertappt den Blick.

„Glücklich, eigentlich ist es so ein kleines Wort", sagt die mit dem gesenkten Blick leise, als sie die graublauen Augen wieder hebt.

Ein Nicken.

„Ja und doch manchmal so schwer zu finden. Zu finden, zu halten und vor allem zu genießen."

„Und was hast du mitgenommen von deiner Fahrt auf dem Weg von ganz unten nach oben?", fragt schließlich die Nebensitzende.

„Das für mein Glück tatsächlich nur ich allein verantwortlich bin. Ein Zuschieben der Verantwortung an jemand anderen funktioniert leider nicht. Wir müssen mit uns selbst zufrieden sein. Nur dann sind wir in der Lage, das Glück zu finden und es in dem Moment auch wirklich zu genießen."

Sie heben ihre Kaffeetassen, ein Prosit auf das Leben mit all seinen Möglichkeiten und vor allem auf das Glück.

Ein Wunsch, dass eine jede von ihnen, es zuversichtlich suchend, bald in sich selbst finden wird.

Nadin Brunkau

# Im Nebel

Ein Herbsttag beginnt nicht selten grau und trüb.

Die Nebelschwaden versperren die Sicht und lassen
Wesentliches von Unwesentlichem an diesem frühen Morgen
nicht unterscheiden.
Sie haben den eben noch auf der anderen Straßenseite
laufenden Fremden regelrecht verschluckt.
Das Geräusch vom Klappern seiner unruhigen Schritte im
Dickicht des Morgens ist der einzige Hinweis darauf, dass wir
nicht alleine unterwegs sind.
Sehnsüchtig warten wir auf den Sonnenaufgang, der nach den
gefühlten viel zu lang dauernden Morgenstunden immer
irgendwie zu spät kommt.

Später kämpft sie, die Sonne, ähnlich orientierungslos wie wir
in dem Grau am Boden, um ihren Platz am herbstlichen
Himmel.
Kalt ist es an diesem Morgen, der langsam, aber
unausweichlich, vom kommenden Winter kündet.

Unser Atem steigt auf in den kleinen Lichtkegel unter der
Laterne.
Dicht, grau, vermischt er sich eine Armlänge weiter oben mit
der nebeligen Luft.
Sie werden eins, der Atem und der Nebel, während wir einen
neuen, tiefen Zug der vermeintlich klaren Luft um uns herum
nehmen.

Während wir laufen, versinken wir in den Gedanken:
Wer kam wohl zuerst? Der Nebel oder diese Wolken des
Ausatmens?
Sie geht mit uns durch, unsere Phantasie, während wir uns auf
der vermeintlich leeren Straße von einem Laternenlichtkegel
zum nächsten flüchten.
Entstand dieser morgendliche Nebel aus den Atemzügen der

Menschen?
Wir stoßen einen tiefen Seufzer aus. Eine neue Nebelwolke
verlässt unseren Körper und verdichtet vermeintlich das
wachsende Grau um uns herum.

Sind es diese Wünsche am Morgen, die Seufzer der Müden
nach der gefühlt viel zu kurzen Nacht oder die sehnsüchtigen
Gedanken an einen zu schnell und zu früh geendeten so
schönen Traum?
Ist es die Anspannung, vor dem, was der Tag wohl bringen
mag oder ein Stoßgebet, dass heute alles glatt gehen möge?
Hat vielleicht irgendjemand den neuen Tag umarmt und
begrüßt ihn mit der Gewissheit, es könnte der schönste seit
Langem sein?

Wir wissen es nicht, während wir im Grau darüber grübeln, ob
der Nebel vielleicht das Ergebnis all dieser vielen stillen
Atemwolken ist.

Später an dem Tag, wenn die Sonne sich ihren Platz am
Himmel erkämpft hat und die gelben und roten Blätter der
Herbstbäume in den schönsten Farben leuchten, denken wir
vielleicht noch einmal an diesen grauen,    kalten Morgen
zurück.
An all die Gedanken, Wünsche, Bedenken und Hoffnungen,
die wir mit unserem Atem auf die Reise geschickt haben.
Auf eine Reise, gleichzeitig mit den Sehnsüchten der vielen
anderen unbekannten Menschen und lächeln vielleicht, weil es
uns tatsächlich gelungen ist, diesen Tag zu nehmen als das, was
er wirklich ist:
Als eine neue Chance, neue unverbrauchte 24 Stunden, in
denen wir die Möglichkeit haben, ihn zum schönsten und
besten Tag der neuen Woche zu machen.

# Der Geist ruht nie

Der Geist ruht nie.

Und manchmal, wenn er es überraschenderweise doch einmal tut, schubsen wir ihn vielleicht wieder an mit der Frage: Warum er denn gerade ruht?

Sind wir in dieser Zeit, in unserem Leben überhaupt noch in der Lage, einmal wirklich an gar nichts zu denken?

Sie sprießen wie Pilze aus dem Boden: Zentren, deren Namen uns fast einen Auffahrunfall verursachen lassen, wenn wir die gewagten Buchstabenkombinationen über fernöstlich anmutenden Eingangstüren versuchen zu lesen.

„Ayurveda" ist dabei noch das leichteste Wort, quasi eingedeutscht, sogar die Rechtschreibprüfung des Schreibprogrammes kennt es und in der Umgangssprache ist es schon lange kein Zungenbrecher mehr.

„Ich mache eine Ayurveda Kur oder ein Wochenende"- mit diesem einstigen Highlight ist man/frau schon lange keine Seltenheit mehr.

All die anderen Seelenzentren, Meditationshäuser und Kuren, die uns mit ihrer Werbung an unseren unruhigen Geist erinnern, bleiben schemenhaft im Gedächtnis.

Es gibt Volkhochschulkurse. In jeder Gemeinde, sei sie noch so ländlich, boomen Yoga- und andere Meditationskurse.

Sie versprechen eine halbe oder dreiviertel Stunde nur für den Mensch, seinen Geist, um die eigene Mitte wiederzufinden, während der Körper bei unnatürlichen Dehnübungen ächzt.

Die freien Plätze bei Psychologen, Psychotherapeuten und Lebensberatern sind ständig vergeben und die Wartelisten ellenlang, trotz der zuverlässig wachsenden Dichte neu eröffneter Praxen.

„Zeitnah", ein Begriff, der hier sehr dehnbar ist, wenn die

Chance, einen Therapieplatz zu bekommen, der Wahrscheinlichkeit auf den Hauptgewinn in einem Telefonhotlinegewinnspiel gleicht.

Der Geist ruht nie.
Haben sich die Zeiten so verändert?
Oder die Menschen sich?
Oder die Zeit die Menschen?
Oder bedingt das eine gar das andere?
Galten wir noch vor zwei Generationen als Exot oder geisteskrank, wenn wir im Kalender für Mittwochs Yoga, für Freitag Meditation und montags Energiefluss stehen gehabt hätten.

Selig wir Schreiberlein, die wir hin und wieder den unruhigen Geist genießen und ihn fließen lassen. Einfach aufschreiben, was er gerade hervorbringt.
Auch, wenn einiges davon nie das Licht der Buchseiten entdeckt, kommt es doch hin und wieder einer Therapiestunde gleich.
All jene, auch die nicht Autoren, die Tagebuch schreiben, wissen um dieses Gefühl der Befreiung.

Einmal aufgeschrieben oder ausgesprochen und nun nicht mehr kreisend, machen wir damit Platz im Kopf für neue Dinge.
Kreative, positive Dinge, die uns weiterbringen und die die Unzulänglichkeiten des nagenden, ständig Wiederkehrenden oft erfolgreich verdrängen.

# Die Krümmung der Zeit

...oder der Moment, an dem wir physikalische Gesetzmäßigkeiten einfach ausheben.

Was sind das für Momente, in denen wir selbst manchmal staunen.

Wissen wir doch von klein auf, dass 60 Sekunden eine Minute ergeben und 60 Minuten eine Stunde. Und doch kommt es uns manchmal so vor, als säße dort am Uhrwerk und Zahnrädchen des Lebens, ein kleiner grauhaariger Mann, der diese Regel an manchen Tagen etwas anders auslegt.

Zum Beispiel dann, wenn wir glauben, die Zeit scheint still zu stehen, nicht zu vergehen, in den unendlichen Momenten des Wartens.

In den Augenblicken des Ausharrens, des Haderns oder der Angst, alleine zu sein mit unseren Befürchtungen, scheinen Sekunden und Minuten mitunter einer Ewigkeit zu gleichen.

Vergessen ist dann in dem Moment die Regel oder Norm des gleichmäßigen Hüpfens des Sekundenzeigers auf dem Ziffernblatt, wenn wir nach den dunklen Stunden erschrocken feststellen, dass erst ein paar wenige Minuten vergangen sind.

Im Gegensatz dazu erinnern wir uns dann an den letzten Moment, als wir im Taumel des Glücks, der Geborgenheit oder eines anderen wunderbaren Augenblickes mehr als einmal das Gefühl hatten, die Zeit, sie rinnt wie Sand durch unsere Hände.

An unseren Wunsch, den Augenblick festhalten zu wollen, ihn nie wieder zu verlassen und ihn am liebsten für die Ewigkeit einzufrieren.

Und an unseren erschrockenen Blick auf die Zeiger der viel zu laut tickenden Uhr, die uns vorgaukelt, eine Stunde verginge in fünf Minuten.

Wie ist sie doch in unserer Wahrnehmung so dehnbar. Diese verlässliche, stetig gleich schnell laufende Zeit in unserem Leben. Wenn aus Minuten Stunden werden können und die Stunden fliegen wie Minuten.

Zeit ist relativ.
Das wissen wir nicht erst seit Albert Einstein und wir selbst müssen keine kleinen Einsteine sein, um dieses Phänomen zu erleben.

So bleibt der Wunsch, dass die trüben Stunden schneller fliegen, wohingegen die Augenblicke des Glücks endlos erscheinen mögen!

# Träume sind Schäume

Gedankenspiele, dieses ewige „was-wäre-wenn" sind Lieblingsbeschäftigungen und Nahrung für so viele Tagträume.

Da kommt er dann, der Lottogewinn, mit dem wir uns Wünsche erfüllen, gleich nachdem wir großzügig die Menschen, die uns am Herzen liegen beschenkt haben.

Manch anderer träumt von einer Karriere im Rampenlicht und hört, spürt ihn förmlich den tosenden Beifall ringsherum im leeren Wohnzimmer.

Sie sind so endlos wie die Vorstellungskraft der Menschen an sich: die Situationen, Charaktere, die wir uns für einen Moment herbeiträumen, nur um für einen Augenblick dem Alltag zu entfliehen.

Doch was machen sie mit uns, diese Wunschvorstellungen, denen jegliche realistische Basis oder Grundlage fehlt?
Sie tragen uns kurz auf den Schwingen des Traumes über alle Unzulänglichkeiten des realen Lebens hinweg.

Je nach Vorstellungskraft sind wir in der Lage, aus den Tagtraumerlebnissen Stärke und Kraft zu ziehen.
Immerhin waren wir gerade noch jemand, der die Welt gerettet oder sonst eine Heldentat erfolgreich vollbracht hat.

In der Psychologie gibt es das Krankheitsbild der gespaltenen Persönlichkeit. Waghalsig mag ich behaupten, wir alle tragen etwas davon in uns.
Bestreiten wir unseren Alltag noch so routiniert und mit der angepassten, notwendigen Maskerade, einer Norm gleichend, kommen unsere Wünsche oder Ängste in diesen Tagträumen ans Licht.

Dann ist der vermeintlich Unauffällige plötzlich der umjubelte Superstar, der immer Disziplinierte, Rationale plötzlich kopflos und herzzerreißend unvernünftig verliebt.
Ein anderer, der aus Schüchternheit mit seiner Meinung hinter dem Berg hält, ein Redensführer, der die Massen begeistert und anführt.
Der Unsportliche ohne jegliches Ballgefühl schießt schließlich das entscheidende Golden Goal der WM und die Frau, die sich selbst für unattraktiv hält, wird plötzlich vom Mann der Träume wahrgenommen und geliebt.

Es sind diese Tagträume, in denen alles möglich ist. Wir Grenzen überschreiten, die es dort scheinbar gar nicht gibt.
Uns vielleicht selbst wundern, wie leicht wir die eine oder andere Hürde darin nehmen, die uns im wahren Leben nicht nur bremst, sondern uns noch dazu meterhoch die Sicht auf das eigentliche Ziel versperrt.

Wir kennen sie also alle, die vielen verschiedenen Persönlichkeiten in uns.
Manch einer mag sagen, wir haben aus ihnen eine für den Alltag gewählt. Die, von der wir meinen, mit ihr die an uns gestellten Ansprüche und Erwartungen am besten erfüllen zu können, auch wenn wir manchmal hadern und gerne eine andere wären, um die eine oder andere Lebenssituation vermeintlich besser meistern zu können.
So sollten wir uns erinnern, dass sie alle in uns stecken:
Die Mutigen, Erfolgreichen, Ängstlichen oder Besonnenen.
Mutig sollten wir ihnen Platz freimachen und ihnen den notwendigen Raum geben, um sich in uns und somit wir uns mit ihnen, stetig und kontinuierlich weiter zu entwickeln.

# Lebenslänglich

„Vom Leben schreiben", welch hehrer Titel!

Das „Leben", was ist das?
Für die einen ein Kampf, für die nächsten ein Flug, für die dritten eine Aufgabe.
Hin und wieder ein Fluch, dann wieder ein Segen, das Meeresblau oder ein reißender Fluss.
Ganz verschieden, so unterschiedlich wie die Menschen darin, ist ihnen allen nur das Eine gemeinsam: Die Dauer und zwar „lebenslang".

„Ich finde, wenn du „lebenslang" sagst, klingt das immer so nach Strafe!"
Sie sieht ihre Freundin über den kleinen Holztisch hinweg an.
„Ich assoziiere immer gleich Einzelzelle und vergitterte Fenster, die den Blick nach draußen erheblich einengen."
Sie schüttelt beim Heben der Tasse den Kopf.
Die beiden Frauen sitzen nebeneinander in einem Café.
Die Stühle bewusst mit dem Rücken zur großen Fensterfront gestellt, haben sie einen freien Blick auf die Menschen auf dem gut gefüllten Marktplatz an diesem Nachmittag.

„Da hat ja das Strafrecht mit diesem Ausdruck ganze Arbeit bei dir geleistet!"
Ein Lachen hinter den dunklen Gläsern der Sonnenbrille.
„Wir kennen uns auch schon ein Leben lang. Empfindest du das etwa auch als Strafe?"
„Hin und wieder schon." Das verschmitzte Lächeln nimmt den zynischen Unterton aus ihrer Stimme.
Sie sieht sie nicht.
Die Augen ihrer Freundin und weiß doch ganz genau, wie sie hinter den Gläsern jetzt funkeln, während sich die kleinen Fältchen ringsherum vertiefen.
Sie hat ja recht.
„Mit dir ist es auch nicht immer einfach!"

„Das habe ich auch nie behauptet und das hättest du schon wissen können, als ich dich das erste Mal mit sechs Jahren von der Schaukelt geschubst habe mit den Worten, das sei meine!"
Agnes erinnert sich.
Mehr an die Beule am Hinterkopf von der sie fast zwei Wochen lang etwas hatte, als an ihre aufgebrachte Mutter, die den verdreckten Rock überhaupt nicht lustig fand.

Greta hatte vor ihr gestanden.
Nicht viel größer als sie und mit ihren sechs Jahren gleich alt.
Die dicken braunen Haare fielen ihr auf beiden Seiten zu langen Zöpfen geflochten auf die Schultern.
Agnes hatte sie schon kommen sehen.
Obwohl Greta nicht dick war, hatte sie eine kräftige Erscheinung für ein Mädchen ihrer Größe. Ihre Schritte schienen denen eines Riesen zu gleichen und Agnes hatte das Gefühl, das alte Schaukelgerüst begann unter den Erschütterungen zu wanken.
Erst viel später war ihr klar geworden, dass ihre eigene Angst ihr diesen Streich gespielt hatte, auch wenn sie Gretas energische Schritte noch heute von Weitem kommen hörte.

„Du warst richtig blöd damals!"
„Du auch!"
Auch Greta erinnerte sich an die Sechsjährige schaukelnd auf dem Spielplatz am kleinen Stadtwall.
Das zierliche blonde Mädchen Agnes hatte leise summend auf dem verlassenen Spielplatz geträumt. Die Beine flogen bis in den Himmel und Greta hatte neidisch auf die neuen weißen Riemchensandalen gestarrt. Ihre eigenen Füße steckten in den ausgetretenen dunklen Lederschuhen ihrer größeren Schwester, die noch einmal, eher liederlich, geflickt worden waren.
Agnes hatte leise auf der Schaukel gesungen. Schön und sauber hatte sie dabei prinzessinnengleich ausgesehen und Greta damit den Rest an einem sowieso schon verkorksten Tag gegeben.

Ihr Vater war am Nachmittag von einer Vereinssitzung nach Hause gekommen.
Prolig, angetrunken und ganz offensichtlich auf Ränke aus.
Mutter hatte sie weggeschickt. Hinaus aus dem Haus zusammen mit ihrer älteren Schwester.
Noch bevor sie die Haustür in dem mit Backstein verklinkerten Haus hinter sich geschlossen hatten, drang die raue laute Stimme des Vaters durch das Treppenhaus. Er rief nach seiner Frau.
Die Mädchen waren losgerannt. Gerannt so schnell sie konnten, als wäre der Teufel leibhaftig hinter ihnen her und hatten sich an der nächsten Ecke schließlich getrennt.
Greta war allein weitergelaufen. Weitergelaufen, eher ziellos, bis hierher zum Spielplatz.
Sie hatte schaukeln wollen bis in den Himmel. Ein Traum vom Fliegen, um all das zu vergessen – und dann hatte diese Agnes ihren Zufluchtsort bereits besetzt.

Nach dieser ersten Begegnung waren sich die Mädchen aus dem Weg gegangen.
Zumindest für den Sommer und so gut das eben in einer Kleinstadt ging.

Es war gut gegangen bis zu dem Tag ihrer Einschulung an dem sie auf einmal gemeinsam auf dem Schulhof standen.

Ähnlich aufgeregt hatten sie beide versucht, die Anspannung vor diesem großen Tag zu verbergen und sie dennoch im Gesicht der anderen gesehen.
Während Agnes sich noch fragte, welche Schandtat sie begangen haben musste, da sie kurz darauf mit Greta als Sitznachbarin gestraft wurde, sah sie den weichen und zerbrechlichen Kern hinter der rauen Schale der Sechsjährigen.

Agnes und Greta wurden Freundinnen.

Sie wuchsen gemeinsam auf und zeitversetzt in der

Körpergröße. Greta war der Freundin immer eine Kopflänge voraus.

Agnes wendet den Blick auf den Korbstuhl neben sich. Ihre Freundin legt in dem Moment die Hände in den Schoß und lehnt sich zurück. Agnes kennt diesen Gesichtsausdruck.

„Wo bist du denn mit deinen Gedanken gerade?"
„Auf dem Spielplatz am Wall." Greta lächelt. „Und du?"
„Ich habe gerade die Einschulung hinter mir."
Die beiden Freundinnen lachen auf und bestellen zu dem kälter werdenden Kaffee je ein Glas Sekt.

Sie beobachten die vorbeiziehenden Fremden.
Die jungen verliebten Pärchen, die eng umschlungen den Spaziergang genießen. Die danach kommende Familie, die einen Kinderwagen schiebt. Während die junge Frau das Schaukeln der Pflastersteine auf den Wagen überträgt, um das weinende Kind darin zu beruhigen, diskutiert der Vater mit dem störrischen zweiten Kind im Trotzalter über einen längst verwehrten Kauf.
Es folgt eine Gruppe von modisch gekleideten Frauen, die den Stadtbummel mit neugierigen Blicken in die dekorierten Schaufenster genießt.
Die Tüten in ihren Händen lassen auf einen erfolgreichen Einkaufsbummel schließen.

Die Blicke der beiden sitzenden Freundinnen bleiben an einem Pärchen in ihrem Alter hängen, dass sich in dem vollen Café nach einem freien Platz umsieht.
Galant hat sich die Frau bei ihrem Mann untergehakt und er lächelt sie leise an, als er auf einen freien Tisch weiter hinten zeigt.
Wortlos nickt sie einverstanden mit seiner Wahl und lässt sich von dem grauhaarigen und attraktiv Gekleideten, schützend zum Tisch geleiten.

Agnes und Greta lächeln sich an, als sie bemerken, dass sie beide unabhängig voneinander ganz offensichtlich die gleichen Szenen beobachteten.

Szenen, Stationen des Lebens, die sie bereits weit hinter sich gelassen hatten.

Sie heben das Glas und nicken sich lächelnd zu.

„Lebenslänglich…", flüstert Agnes leise.

„ … was könnte schöner sein", fügt Greta lächelnd prostend hinzu.

Nadin Brunkau

# Gleich und Gleich

„Gleich und Gleich gesellt sich gern." oder „Gegensätze ziehen sich an."

... ist wie „Hüh oder Hott", wie „Tee oder Kaffee" oder wie „Sekt oder Selters".

Was funktioniert nun eigentlich besser?

Eine Frage, die man sich gern einmal stellen kann, wenn man gerade so gar nichts im Kopf hat und die geistige Langeweile einen an diesen unmöglich erträglichen Punkt treibt.

Der eine mag spontan „gleich und gleich" rufen, fast schreien. Impliziert es doch ein hohes Maß an Gleichheit (wie der Wortstamm schon sagt).
Ein Garant, ein Versprechen, dass man verstanden wird.
Gern gesehen sind dabei auch diese „Wir verstehen uns blind"-„Seelenverwandtschafts-"Assoziationen.
Es vereint sich das Gefühl von Geborgenheit, von Gleichheit und Zusammengehörigkeit mit dem von Verstanden-Werden, welches uns als Spezies Mensch nicht selten so unerlässlich erscheint.
Nichts scheint uns stärker zu beeinflussen, als die Tatsache dass wir uns mit Menschen umgeben und nicht alleine durch das Leben schreiten.
Und nichts scheint uns in ein tieferes Loch zu stürzen, als die Erfahrung, enttäuscht oder missverstanden zu werden.

Auf der anderen Seite, heißt nicht „gleich und gleich" auch immer, dass die Erwartungen, Rahmenbedingungen und Grenzen der beiden Parteien ähnlich sind?
Wer würde uns dann helfen, uns aus unserer Comfortzone heraus zu bewegen, um uns weiter zu entwickeln und neue Erfahrungen zu sammeln?
Sind das nicht eher die Menschen, die anders sind als wir?

Menschen, die uns anspornen, uns beeindrucken, vielleicht ein Vorbild sind und uns damit zu einem Schritt heraus aus unserer Wohlfühlzone inspirieren können?

Gegensätze sind verbunden mit dem nicht vorhersehbaren Moment oder Gefühl, ob uns der andere versteht oder nicht.
Wenn wir aber lernen, uns selbst zu vertrauen, brauchen wir dieses Gefühl vielleicht gar nicht mehr so sehr.
Dann sind wir nicht auf die Akzeptanz der anderen angewiesen und lernen mit uns selbst im Reinen zu sein und zu leben.
Wir beobachten vielleicht diejenigen, die die Dinge anders angehen und wagen an einem mutigen Tag auch dieses Experiment einmal selbst.
Neue Dinge auszuprobieren, wenn wir bekannte Gefilde verlassen, um zu sehen, zu spüren wie unsere Welt sich damit verändert. Wie sie wächst, reicher an Erfahrungen wird und wie wir in und mit ihr aufblühen werden.

# Das Warten

Es ist bald
Das Furchtbarste auf der ganzen Welt
Verdammt zum Nichtstun,
Wenn eine Reaktion ausbleibt.

Ausbleibend,
Nur für den Moment.
Wissen wir es doch besser und haben die Gewissheit,
Dass eine Antwort auf jeden Fall immer noch kommt.

So bereiten wir uns vor
Auf alle eventuellen Möglichkeiten und
Sehen plötzlich, dass es gar kein Zustand des „Nichtstun" ist.

Nein, es es vielmehr
Sogar der umtriebigste Moment in dem ganzen Prozess
Des Wartens,
In dem unsere Gedanken keine Ruhe finden.

Nadin Brunkau

# Brüder

„Meen Bruda nervt!"

„Was macht er denn?"

„Der is eenfach da!"

„Das ist doch toll!"

„Na dat denkst du und all die andern die kommen und ihn ach so süß finden!"

„Er ist doch fast noch ein Baby! Dich haben wir genauso gern!"

„Dit is keen Baby, dit is n Monsta- und jetz löft es och noch!"

Die Großmutter lacht bei diesem Wutausbruch des Achtjährigen.

„Bei mir heest dit imma: Guck ma hier – mach mal da ... vielleicht haben se mich och wieda lieba, wenn ick mir stinkend in die Hose mach!"

Er ist trotzig.

Die Großmutter zieht ihn an sich. In ihrem Lachen steckt neben der Belustigung das Verständnis für den Trotz des Kleinen.

„Und wenn ick bei meenem Brötchen krümel, schimpfen se mit mir, obwohl dit Monsta da in seinem Kindastuhl aussieht als wär er mit dem janzen Kopp in die Müslischale jefallen- dit finden se dann putzich und machen noch`n Foto!"

„Wenn er größer ist wirst du dich freuen, dass du ihn hast!"

„Dit gloob ick nich!"

Ein energisches Kopfschütteln des Achtjährigen.

„Heute Mittach erst hat er mit seinem Jesabba die janze Fernbedienung für den Fernseha kaputjemacht und ick konnte meene Serie nich kucken!"

„Du warst auch mal so klein... und schau dich an, aus dir ist doch auch was ganz Tolles geworden. Dein Bruder wird es auch noch schaffen."

„Niemals!" Er schüttelt energisch den Kopf. „Der is und bleebt blöd!"

Der Achtjährige wendet den Blick ins Wohnzimmer in dem der kleine 15 Monate alte Bruder gerade mit unsicheren

Schritten die ersten Bahnen einer auserkorenen Strecke läuft. Unsicher, wankend, mit einer Fortbewegungsart, die irgendwo zwischen fallen und laufen liegt.

Der Kleine erblickt seinen älteren Bruder neben der Großmutter auf der Couch und ignoriert dessen angespannten Gesichtsausdruck.

Seine großen Kinderaugen leuchten, als er die zum Ausbalancieren geöffneten Arme Richtung Bruder nach vorne schiebt.

Freudestrahlend mit diesem Lachen, das nur Kindergesichter besitzen und welches das ganze Gesicht erfasst, läuft der kleine Knirps auf den großen Bruder zu.

Die Großmutter sieht die Veränderung im Gesicht des Älteren. Stolz lehnt sich der Große nach vorn und ermuntert den Kleinen mit geöffneten Armen, mutig weiter bis in seine Umarmung zu laufen.

„Ja, komm her!"

Eine Aufforderung, die Liebe und Geborgenheit verspricht und den kleinen Wirbelwind anspornt seine wackeligen Schritte fortzusetzen.

Erleichtert fällt er dem großen Bruder nach diesem Marathon in die Arme. Der Achtjährige drückt ihn, den kleinen Bruder, fest an sich und nimmt ihn auf, diesen wunderbaren warmen Geruch, der nach Baby riecht.

Die Großmutter streicht den beiden liebevoll über den Kopf und lächelt den Großen an, als er aufschaut.

„Manchmal is der och janz süß", gibt der Achtjährige leise zu.

„Das Süße wird verschwinden und er wird dir nacheifern, irgendwann so sein wollen wie du! So schön essen und nicht mehr in die Hose machen, weil du auch auf die Toilette gehst."

Sie küsst seinen blonden Schopf.

„Und du wirst immer jemand Besonderes für ihn sein. Jemand, zu dem er aufschaut und der ihm ein Vorbild sein kann."

# Die Waage

„Wenn du das sagst, klingt das so vorwurfsvoll!"
Sie sah ihre Freundin an.
„Ich bin kein Pessimist, ich bin Realist!"
„Und wenn du das so sagst, scheint es, als bestünde deine Welt nur aus schwarz und weiß – und ich finde das ist nicht sehr realistisch!"
Es folgte ein herumschweifender Wink mit dem ausgestreckten Arm in den bunt blühenden Garten.
„Ich finde die Welt ist ganz schön bunt!"
„Ja, hier in deinem Garten vielleicht."
Sie nahm einen Schluck aus der mit bunten Wiesenblumen bedruckten Kaffeetasse.
„Aber all die bunten, glücklichen Momente sind doch so flüchtig und immer viel zu schnell vorbei!"
„Das sind die negativen und schieflaufenden Augenblicke auch. Du hälst nur viel, viel länger an ihnen fest und meinst damit, dass sie länger andauern."
„Jetzt meinst du also, ich bin schuld?"
„Mit Schuld hat das doch nichts zu tun. Aber du hast gesagt, du bist ein Realist: Die Momente der Enttäuschung, der Augenblick des Scheiterns – wenn du die Stoppuhr des Lebens bedienst, siehst du, das sie im Grunde auch ganz kurz sind."
Ein nachdenklicher Blick.
„Wichtig ist doch nur, wie du danach mit ihnen umgehst. Das trübt dein Zeitgefühl von Hoch und Tief in deinem Leben."
„Wenn du das sagst klingt das so einfach."
„Von „einfach" habe ich nichts gesagt. Aber einen Versuch wäre es allemal wert. Wenn du die kurzen Augenblicke eines schlecht laufenden Tages nicht kurz halten kannst, dann versuche doch die schönen Momente mindestens genauso lange nachwirken zu lassen."
„Du meinst, wie bei einer Waage? Das Gleichgewicht halten?"

Ein Nicken.

„Das wäre zumindest ein Anfang. Und ich bin mir fast sicher, wenn du das geschafft hast und sie einmal ausgeglichen ist, wird sie irgendwann wieder kippen und eine Seite überwiegen. Aber es wird die schöne Seite des Lebens sein!"

# Wortlos

Sie sah ihn an.

Er sah sie an.

Es war diese Art von Schweigen, das so viel mehr sagt, als Worte je könnten.

Ihre Augen erzählten eine Geschichte, der er schweigend mit seinem ganzen Körper lauschte.

Er hörte sie.

Er fühlte sie.

Jedes einzelne unausgesprochene Wort.

Als sie endete und das Schweigen zwischen ihnen zu laut und bald unerträglich wurde, antwortete er wortlos mit einem Blick.

Mit einem Blick, über den er in der Stille lange nachdachte.

Mit dem er gehadert hatte, vielleicht sogar gewillt war, ihn zu verbergen.

Nach ihrem Geständnis wortlos mit ihren Augen, ohne Worte, die es nicht treffender hätten sagen können, hatte er sein Grübeln längst beendet.

Sie sah seine Antwort.

Sie spürte die wortlose Umarmung seiner dunklen Augen, ehe sie den Blick senkte, fast zeitgleich mit ihm.

Schweigend, in der Stille nach diesem wortlosen Gespräch, in dem sie das erste Mal wirklich ehrlich zueinander waren.

Nadin Brunkau

# Drachentöter

Das Kind in uns.

Wer kennt ihn nicht diesen Vorwurf: „Jetzt sei nicht so kindisch, sondern endlich vernünftig!"
Ganz offensichtlich schließt der Sprecher dieser Mahnung ein, dass dies zwei Dinge sind, die unmöglich zusammen passen.

Wird doch mit Vernunft weitestgehend assoziiert, dass alle Schritte abgewägt, deren Konsequenzen mehrfach geprüft und überdacht worden sind, so scheint genau das der große Unterschied zu „kindisch" zu sein.

„Kindisch": intuitiv, manchmal sogar unüberlegt, sorglos den Moment genießend und nicht Situationen oder Augenblicke im Leben zu verpassen, wegen der großen und mit dem Alter wachsenden Frage nach dem fürchterlichen „was-wäre-wenn" Prinzip.

Beim Schreiben, vielleicht auch beim Lesen des letzten Absatzes regt sich ein leises Lächeln auf meinen Lippen. Die Worte, die wir mit „kindisch" verbinden, versprechen Freude, Lachen, Glück, einfach Leben.

Eine Unbeschwertheit, die wir uns in dem hektischen und von allerlei Verantwortung flankierten Alltagsleben nur schwer bewahren können und die dennoch oder gerade deshalb so eine große Sehnsucht in sich und uns birgt.

Dann beobachten wir sie, unsere Kinder, mit all ihrem Elan und der scheinbar grenzenlosen Energie. Wenn sie abends nicht ins Bett wollen, weil sie gerade „den besten Tag ihres Lebens" als Fünfjährige haben, dann sind wir vielleicht sogar ein bisschen neidisch auf sie.
Neidisch, weil wir uns den Feierabend so sehnsüchtig und eher kraft- und energielos herbei wünschen.

Dann sollten wir vielleicht ein wenig von ihnen lernen, von den kleinen wachen Geistern, die jeden Moment so nehmen wie er gerade kommt.

Auch wenn sie vor wenigen Minuten noch zu Tode betrübt waren über die Streitigkeit mit dem gleichaltrigen Freund, scheint dieser Zwist auf einmal völlig vergessen, wenn sie nun gemeinsam auf Drachenjagd gehen.

Warum sollten wir also nicht einfach manchmal gemeinsam mit ihnen eintreten in diesen, ihren imaginären dunklen Wald und all die Widrigkeiten, die uns an dem Tag begegnet sind mit dem Holzschwert in der Hand siegreich verbannen?

Die Rast neben der Topfpflanze im Wohnzimmer genießen, die der höchste Baum in diesem dichten finsteren Wald ringsherum ist.

Uns gemeinsam mit ihnen stärken mit dem Proviant an Chips und Smarties, in Form von Kraft gebenden Wunderperlen, ehe wir in die alles entscheidende Schlacht aufbrechen.

Später liegen wir siegreich, erschöpft, aber unverletzt neben dem Drachen am Boden und spüren dieses Gefühl bis in die kleinste Faser unseres Körpers.

Den Sieg, den Mut, die Energie, die Kraft, alles auf einmal- eben einfach das Leben und den Spaß daran.

# Glück

Glück
So flüchtig
So groß
So ergreifend

Wie kann etwas
Das so viel in uns auslöst
So schnell weichen?

Unglück
Mal die kleine
Mal die große Schwester
Daneben

Welche Macht hat sie
Ihre Schwester so schnell
In den Schatten zu stellen?

Wie die Sonne
Und die Wolken
Am Himmel stehen
So veränderlich
Je nach Windrichtung und Stärke
Erscheint uns manchmal das Leben

Beginnen wir wieder
Die Sonnentage zu genießen und
Die Regentage als das zu sehen, was sie sind:
Als Boten, die unerlässlich sind
Um zu spüren wie es ist, wenn die Sonne wieder hervor
kommt

Nadin Brunkau

# Stolpern

Stolpern ist wie gehen, nur nicht so gleichmäßig, grazil oder elegant.

Und dennoch treibt und bringt es uns immer nur in eine Richtung: Vorwärts.

Wie oft haben wir das Gefühl, beim Straucheln rückwärts zu gehen und dabei zurückgeworfen zu werden.
So sehen wir nun, dass diese Wahrnehmung ganz einfach eine optische oder gefühlte Täuschung ist.
Die meisten von uns fallen, wenn sie in Bewegung sind, nach vorne und richten sich auch in diese Richtung wieder auf, ehe sie sich schütteln, den Schmutz von den Knien abschlagen und noch einmal den Blick auf das verhängnisvolle Hindernis hinter sich werfen.

Das Gefühl „gefallen" und damit stehen geblieben zu sein, ist eine Sinnestäuschung wie sie im Buche steht.
Also hadern wir nicht länger nach dem Straucheln, Stolpern, sondern raffen uns auf und schlagen uns auf die Schulter.
Wir sind vor dem Hindernis nicht stehen geblieben, auch wenn diese Alternative für einen Augenblick wirklich verlockend erschien.
Wir haben es gewagt und sind gefallen.
Doch, nachdem wir wieder auf den Beinen sind, sehen wir den Stolperstein ein gutes Stückchen weiter hinter uns liegen.

Die Niederlage, die eigentlich keine war, haken wir ab mit dem zuversichtlichen Gedanken, dass uns dieses Hindernis, trotz der aufgeschlagenen Knie und den Schmerzen ein gutes Stück weiter auf unserem Weg nach vorne gebracht hat.

Nadin Brunkau

# Grenzerfahrungen

„Ich glaube, ich stoße gerade an meine Grenzen!"

Er schüttelt den Kopf bei diesen, ihren Worten.
„Nein, das tust du nicht."
„Wie meinst du das?"
„Du bist schon lange darüber hinausgeschossen!"
Er lehnt sich zu ihr.
„Ich glaube, du hast deine Grenze schon lange gar nicht mehr vor Augen. Geschweige denn ein Gefühl davon, wenn du dich ihr näherst."
Sie wirkt nachdenklich als seine letzten Worte noch in ihrem Kopf hallen, lange nachdem er bereits geendet hat.
„Aber das spürt man doch, wenn man an seine Grenzen stößt."
„"Man" schon, du ganz offensichtlich, nicht."
Er sieht die Verzweiflung in ihren Augen.
Ihre Augenringe sprechen Bände, wie die Jahresringe eines Baumes. Ein jeder einzelner mit seiner eigenen Geschichte, die sie viel zu gerne für sich behält.
In ihrer blassen Gesichtsfarbe zeugt nichts mehr von dem gut gelaunten, blühenden Leben, mit dem sie früher alle anderen um sich herum mit Leichtigkeit ansteckte.
„Du hast deine Grenzen nicht richtig gesichert. Die Mauern waren porös, der Zaun löchrig oder sowieso zu niedrig. Du hast sie einfach eingerannt und stehst jetzt in diesem unbekannten Niemandsland dahinter."
Sie sieht ihn an.
„Irgendwo in der Fremde, verletzt und ohne Hilfe. Orientierungslos, weil du dort noch nie zuvor warst. Du hast den Zeitpunkt, als du dich dorthin verrannt hast, in deinem Wahn ganz einfach nicht bemerkt."
„Aber manchmal war es auch ein schöner Wahn", sie lächelt leise und denkt an die Momente des Glücks.

Die Momente der Freiheit, der Motivation und an das Gefühl der kleinen Siege, ehe die Einsicht über den verlorenen Krieg sie auf den Boden der Tatsachen zurückholte.

Auf diesen Boden, grau und verlassen, verbrannter Erde und leerer Gedanken. Mutlos, kraftlos nach der letzten Etappe.

„Du hast dir ganz einfach zu viel für einen Moment vorgenommen. Dich treiben lassen von deinem Wesen, das sich schnell begeistert. Das ist auch toll, versteh mich da nicht falsch. Aber die Notbremse hast du nicht gezogen, als der Zeitpunkt dafür gekommen war."

„Und nun?"

„Und nun nimmst du einfach ein bisschen Fahrt aus dem Ganzen. Verringerst das Tempo und lässt nicht ganz so Wichtiges einfach mal aussteigen. Aussteigen an einer Haltestelle, die du später sicher noch einmal passierst, bei diesen kreisförmigen Schienen, die du dir selbst gebaut hast. Und wenn du dann wieder Platz hast in deinen, jetzt noch völlig überfüllten Abteilen und Wagons und einige fertig gestellte Projekte ausgestiegen sind, kannst du die wartenden wieder einladen. Nach und nach, nicht alle auf einmal in diesen Zug deiner Gedanken, Projekte und Kräfte zehrenden Vorhaben."

Sie hat die Augen geschlossen und sieht das Bild, das er gerade mit seinen Worten zeichnet ganz deutlich vor sich. Es ist friedlich.

Das erste Mal seit langem bei diesem im Kreis fahrenden Zug in ihrem Kopf hat sie das Gefühl, wieder der Lokführer zu sein.

Derjenige, der die Geschwindigkeit bestimmt, die Haltestellen vorgibt, anfährt und die Zahl der Passagiere kontrolliert.

Sie war abgesprungen von dem unberechenbar gewordenen, dann führerlosen Zug, irgendwo in der Ferne, weit hinter ihren eigenen Grenzen, die sie unbemerkt passiert hatte.

Nun kehrte sie zurück in die Gefilde, die sie kannte, in denen sie sich sicher fühlte, um Neues zu wagen.

Er sieht den Glanz in ihre Augen zurückkehren, während sie diese Reise in ihrem Kopf beginnt.

Erleichtert atmet er auf, lächelt sie an und ist glücklich, dass er seine eigene Grenze nicht hatte überschreiten müssen, nur um sie zurück zu holen.

Nadin Brunkau

# Wenn die Gedanken wandern

Lass sie laufen
Über die Berge, durch Täler
Steppen und Wiesen
Oasen und Wälder
Trockene Flussbette, Meere
Und wieder zurück

Halte sie nicht auf
Beobachte ihren bebenden Schritt
Die zaghaften Tritte
Die waghalsigen Sprünge
Das leise Tippeln
Ihr lautes Stampfen
Und wohl überlegtes, leises Herantasten

Begleite sie
Und gib ihnen Halt
Mit sehenden Augen
Den lauschenden Ohren
Den zupackenden Händen
Der spürenden Haut
Und mit dem fühlenden Herzen.

Nadin Brunkau

# Wenn die Gedanken ruhen

Weck sie nicht auf
Leg dich leise neben sie
Nimm sie in den Arm
Streichele sie sanft
Schmieg dich an sie
Und ruhe eine Weile mit ihnen

Sei sorgsam und leise,
Dass kein Geräusch sie stört
Sie nicht angestoßen werden
Sich nicht erschrecken
Nicht hochfahren und
Sie friedlich harren können
Ohne unbedacht wach gerüttelt zu werden

Bleib neben ihnen
Rutsche nicht von ihnen ab
Berge sie in deinem Herzen
Behüte sie in deinem Arm
Behalte sie im Auge und
Spüre nach wie sie sich und dabei dich entspannen
Und du neben ihnen endlich wieder zur Ruhe kommst.

Nadin Brunkau

# Autopilot

Manchmal stehen uns andere kolossal im Weg.
Manchmal wir uns selbst.
Ich könnte nicht sagen, welches von beiden das Schlimmere ist.

Wir kennen sie doch alle: diese bangen Gesichter.
„Hast du dir das gut überlegt? Glaubst du das geht? Bist du dir sicher?"

Manchmal scheint es, als spiegeln diese Menschen, die es „wagen", ihre Bedenken offen auszusprechen, unsere eigenen Zweifel und Ängste wieder, die wir gut verdrängt an einem sicheren Ort verwahrt haben.

Ärgern wir uns deshalb hin und wieder über diese „Einmischung"?
Über dieses Nachfragen, Abklopfen und ständige Hinterfragen unserer Idee, weil sie die endlich weggeschobenen Zweifel und Ängste vor einem Scheitern in uns selbst wieder wach rufen und an die Oberfläche bringen?
Und antworten wir deshalb nicht allzu selten, aber allzu oft, viel zu harsch und mit Unmut auf dieses Reinreden?

Am liebsten wünschen sich die meisten von uns doch nur diese schulterklopfende Unterstützung unseres Umfeldes, wenn wir voller Begeisterung mit einer neuen Idee um die Ecke kommen.

Wir wollen sie nicht hören, ihre Bedenken. Sind wir doch gerade mittendrin und auf der Startbahn, nehmen rasant die notwendige Geschwindigkeit zum Abflug auf.
Wir bauen diese kontinuierlich auf und haben dabei nichts gegen ein paar Fluglotsen, die uns unterstützend freie Fahrt winken.

Doch sollten wir auch dankbar sein für all ihre kritischen Nachfragen.

Denn allzugern haben wir in der ersten Euphorie aufkommende Zweifel allesamt versteckt oder gar bereits über Bord geworfen.

Ärgern wir uns also nicht über diese, ihre Einmischung, sondern nehmen sie, wenn möglich, dankbar an.

Dankbar dafür, dass sie uns noch einmal auf kommende Hindernisse hinweisen.

Dass sie uns damit daran erinnern und uns im Umkehrschluss daran hindern, nach dem gelungenen Start einfach auf „Autopilot" umzuschalten.

Nur damit wir weiterhin ein aufmerksames, wachsames Auge auf alles haben, was uns auf dem Weg vielleicht noch begegnet.

# Getrieben, getragen

Getrieben, getragen
Ähneln sich so oft so sehr
Lediglich die Geschwindigkeit
Und der damit verbundene Ausblick unterscheiden sich

Getrieben, getragen
Von Wünschen, Hoffnung, Ängsten und Wahn
Gefangen in den Momenten
Des unaufhaltsamen Flugs oder Falls

Getrieben, getragen
Jagen, gleiten wir durch die Höhen und Tiefen
Hoffend, bangend, der Flug oder Fall
Möge nie oder endlich enden

Schwindelig, benommen
Vor Glück, Trauer, Schmerz oder Liebe
Sehen wir die Füße Gott dankend
Zurück sehnend nach dem Boden

Getrieben, getragen
Fallen, fliegen wir durch das Leben
Himmelhoch jauchzend, zu Tode betrübt
Gilt es die getriebenen Momente zu ertragen
Um die getragenen Augenblicke zu genießen.

Nadin Brunkau

# Angst

Es ist ein Gefühl, das jäh und dunkel nach dir greift.

Lauernd, verborgen, wartet es auf den passenden Augenblick. Auf den Moment nach dir zu greifen mit seinen eintausend Armen, die dann zerren und ziehen. Ein jeder in eine andere Richtung.

Einer nach links, der andere nach rechts, einzig gemeinsam ist ihnen die Richtung: abwärts.

Tiefer und tiefer in den Sog zwischen wankenden Wänden, ist es ein Strudel, ein Abgrund seitlich glatt, ohne Halt.

Dennoch schmerzt jede Berührung an den kalten Seiten und reißt die Wunden erneut auf bis sie unablässig bluten.

Abwärts, mal in schwindelerregendem Tempo, mal schmerzhaft gleitend, doch immer unaufhaltsam.

Der Boden ist nicht sichtbar, verborgen im Dunkeln des kommenden schrecklichen Sumpfs.

Modriger Geruch, der in der Nase beißt, selbst das Schließen der Augen bietet kein Entkommen.

Die Arme scheinen endlos, nahtlos ineinander überzugreifen, wenn sie immer wieder nach dir greifen, fassen, zerren und reißen.

Ein Horror, endlos wie der Schacht durch den du stürzt und fällst.

Tiefer und tiefer, schneller, unaufhaltsam. Der Atem setzt aus als plötzlich weiter unten Boden auftaucht.

Wohl wissend, dass der Aufprall all die Wunden nicht lindert, wenn du dir kopfüber fallend das Genick dabei brichst.

Die Augen geschlossen, den Atem angehalten, reißt du plötzlich laut schreiend in der Dunkelheit die Lider auf.

Es ist keine Höhle, keine Grube, nichts Kaltes, nur das einsame warme Bett, das dich zudeckt bis unter den Hals.

Du atmest auf, der Angst entkommen zu sein, zumindest für diese Nacht und diesen einen flüchtigen Augenblick.

Nadin Brunkau

# Kraft

Kraft
Kann wachsen
Kann helfen
Kann schwinden

Zuversicht
Sie kommt
Sie bleibt
Sie kann gehen

Hoffnung
Kann helfen
Kann leiten
Kann untergehen

Glaube
Ist Kraft
Ist Hoffnung
Ist Zuversicht

Das Morgen
Ist die Hoffnung
Ist die Zuversicht, dass die Kraft nie schwindet

Das Heute
Ist Zuversicht
Ist der Glaube auf die Hoffnung

Das Gestern
Ist die Kraft und der Glaube
Dass die Hoffnung die Zuversicht stetig nährt.

Nadin Brunkau

# "Der Weg ist das Ziel"

„Der Weg ist das Ziel!", „Dabeisein ist alles!" – all diese aufmunternden Sprüche, begleiten uns seit unserer Kindheit.

Wir stellen sie im Laufe des Lebens auf die Probe und ziehen vielleicht ein wenig Zuversicht aus ihnen, wenn wir einmal scheitern.
Doch wenn wir davon ausgehen, das Leben wäre eine Reise, wer hat dann für uns die Tickets bestellt?

Und was ist, wenn wir in diesen überfüllten Zug der Freitags-Heimfahrer-Pendler einsteigen und uns durch die vollen Gänge schieben?
Von fremden Menschen vielleicht unsanft angerempelt werden, kleinere oder größere Blessuren von herumstehenden, in der Menge übersehenen Gepäckstücken davontragen, um dann zu bemerken, dass unser reservierter Sitzplatz bereits von jemand anderem besetzt ist?

Was tun wir?
Bitten wir ihn aufzustehen und erobern uns damit unseren Platz zurück oder schauen wir schüchtern zwischen den Anderen stehend nur hin und wieder sehnsüchtig auf unseren ruhigen, aber besetzten Fensterplatz?
Sprechen wir unseren Wunsch, Anspruch, aus oder nicht?

Unser Blick begegnet Menschen, die uns wortlos nur mit ihrem Blick als gleichsame „Leidensgenossen" auffangen, weil sie mit den gleichen Fragen im Kopf noch immer im Gang stehen und kämpfen.

Was tun wir also?
Ich weiß es nicht, bin aber sicher, dass die Antwort und unsere Reaktion maßgeblich von unserem Wesen und der sogenannten „Tagesform" abhängen.

An manchen Tagen sind wir bereit, die Schlacht um den Sitzplatz bis zum bitteren Ende auszutragen und an einem anderen sind wir vielleicht gar nicht dazu gewillt, weil der erste Blick auf den dann kommenden Sitznachbar noch weniger Wohlfühlgefühl transportiert als der relativ freie Stehplatz, den wir in dem Moment haben.

So mag es uns im Leben immer wieder gehen. Wenn einer daherkommt und unser Ticket verlangt, dann prüft er, ob wir auf dem richtigen Platz sitzen oder in der Eile auf dem Bahnhof überhaupt den richtigen Zug gewählt haben.

Er mag uns darauf hinweisen, auf unser Versehen, wenn wir tatsächlich im falschen Zug sind und uns dann die nächste Halt- und Umsteigemöglichkeit nennen.

Er mag vielleicht mit einem irritierten Blick auf unsere Platzreservierung für den ruhigen Fensterplatz schauen, während wir im Gedränge und Geschiebe im überfüllten Gang ausharren.

Er mag uns aufmuntern, uns zusprechen, dass uns der Platz doch gehört und uns vielleicht sogar anbieten, es gemeinsam mit ihm zu klären.

Der Schaffner, der die Tickets überprüft und uns auf eventuelle Zwischenfälle unserer Reise aufmerksam macht.

Uns darauf aufmerksam macht und uns am Ende doch die Entscheidung überlässt, die wir, je nach Konstitution und Tagesform überdenken oder sogar umsetzen.

# Die biologische Uhr

„Das wird für mich das Unwort des Jahres!"

„Warum?"
„Seit ich die vierzig erreicht habe, kommt überall dieser Hinweis, dieses Mahnmal der tickenden Uhr um die Ecke!"
Sie hebt die Hände anklagend zum Himmel.
„Wie meinst du das?"
Die Freundin wirkt ahnungslos.
„So, als ob ich vom knackigen Hühnchen zur federlosen Henne werde und meine Körpertemperatur bald noch nicht einmal mehr ausreicht, um kleine perfekte Eier auszubrüten!"
Sie nimmt einen Schluck aus dem herrlichen Sektkelch.
„Und selbst der Gockel auf dem Hof interessiert sich nicht mehr für mich."
Ihr Blick sucht ihren Ehemann, den sie schließlich weiter hinten in einer lustigen Runde von Geburtstagsgästen findet.

Der Garten ist wunderbar bunt dekoriert. Luftballons, Luftschlangen künden vom Fest. Auf den Tischen stehen kleine Kristallvasen mit den, von den Kindern gesammelten, Wiesenblumensträußchen.
Die Freunde auf dem Rasen, die sich gut gelaunt in kleinen Gruppen unterhalten, während die untergehende Sonne diesen warmen Sommertag langsam beendet.

„Selbst für meine Kinder habe ich jetzt eine eigene Alterskategorie erreicht: Die neue Lehrerin ist alt, aber nicht so alt wie ich und nach mir kommt nur noch uralt, so wie Oma und Opa!"
Ein leises Lachen umspielt ihre schmalen Lippen bei diesem zynischen Gedanken an das Gespräch mit den beiden Kindern am Mittagstisch.
„Ach Jana, es geht tatsächlich nur noch in die eine Richtung- abwärts!"

„Aufwärts meinst du", verbessert sie die Freundin mahnend mit dem erhobenen Glas. „Nach 39 kommt 40, dann 41, dann…"
Stella unterbricht sie.
„Okay, okay – aber dein Aufwärts ist mein Abwärts!"

Plötzlich sieht sie ihn durch den Garten kommen.
Das erste Mal seit so vielen Jahren und so sehr sie sich auch bemüht, Stella erinnert sich nicht daran, wann sie ihn das letzte Mal sah.
Es ist nicht das erste Mal heute, an dem Stella gleichzeitig beeindruckt, überrascht und entsetzt wirkt.
Mit der Unterstützung der sozialen Netzwerke hatten ihre Freundinnen ganze Arbeit geleistet und die meisten ihrer Weggefährten aus den vergangenen 40 Jahren ausfindig gemacht. Freunde, Bekannte, die sie zum Teil seit einer gefühlten Ewigkeit nicht mehr gesehen hatte, waren heute zu Gast in ihrem Garten.

Noch während sie darüber nachdenkt, hat er sie mit seinen Schritten erreicht.
„Alles Gute zum Geburtstag!"
Eine Umarmung, die sich selbst nach Jahrzehnten anfühlt, als wäre es das erste Mal.
„Wow, du wirst ja immer schöner!"
Sie kann nicht antworten und ihre nebenstehende Freundin Jana springt mit einem schelmischen Lächeln ein.
„Ja, sag es ihr nur – sie hadert gerade mit dem biologischen Alter und der Tatsache, dass sie bald keine Eier mehr legen kann."
Wenn es um peinliche Situationen ging, war auf die Freundin Jana stets Verlass. Wie schon so oft in den vergangenen Jahren ist Stella auch jetzt bereit, vor Scham im Boden zu versinken.
Sie stößt Jana unsanft in die Seite. Vielleicht deutet diese es falsch, aber sie legt noch einen nach.
„Außerdem meint sie, noch nicht einmal die alten Gockel auf dem Hof sehen sie mehr an."

Die Peinlichkeit lässt Stellas Wangen glühen, erröten, und die Pubertät scheint plötzlich bei diesem Gefühl nur einen Steinwurf entfernt zu sein. Vergessen sind all die Jahre der Lebenserfahrung und das hart erarbeitete Selbstbewusstsein. Die aufrechten Schultern wollen den Kopf verbergen, als sie sich fühlt, sie sei gerade noch einmal vierzehn Jahre alt.

Er sieht ihre Verlegenheit und es schmeichelt ihm.

Er lächelt sie an und erinnert sich selbst an die so lange vergangene Zeit dieser, ihrer ersten Liebe und schüttelt leicht den Kopf.

War er eben noch von ihrem Anblick überrascht und überwältigt, so sieht er plötzlich mit den aufsteigenden Erinnerungen das junge Mädchen Stella vor sich und unerwartet greift das Gefühl von damals kurz nach ihm.

Seine Augen spiegeln es, als aus ihnen ein Lächeln hervorblitzt.

„Das liegt nicht an dir oder deiner biologischen Uhr, sondern einzig und allein daran, dass der Gockel mit Altersblindheit geschlagen ist."

Nadin Brunkau

# "Mitmenschen"

Sind Menschen, die uns im Leben, im Alltag, im Berufsleben begegnen und denen „liebevoll" von einem schlauen Kopf irgendwann dieses Wort „Mitmenschen" zugeteilt wurde.

Er sah seinen Freund an, während er das Feierabendbier fast in einem Zug leerte.
„Alles gut bei dir?"
Eine dieser direkten Fragen, von denen man schon beim vorangegangen Beobachten des Gegenübers wusste, wie die Antwort lautete. Nun stellte sich lediglich die Frage, ob man zum Kreis der auserwählten Eingeweihten gehören würde, wenn die Antwort ehrlich ausfiel.
„Ja."
Also „nein", man gehörte heute nicht dazu.
Es war eher ein Brummen von Manuel, das die heraufstrebende ehrliche Antwort mit dem letzten Schluck Bier herunterspülte.
Christoph wartete.
Schweigend. Trinkend.
Manchmal, wenn auch ganz selten, folgte doch noch ein Nachsatz.
Heute nicht.
„Das sehe ich."
Er zeigte damit, dass er die Antwort duldete, wenngleich er sie nicht wirklich akzeptierte.
Christoph wandte den Blick zurück auf das tonlose Fußballspiel im Fernseher über der Bar.

„Dieses Wort „Mitmenschen" ist doch ein Paradoxon wie es im Buche steht!"
Irritiert sah Christoph zu dem plötzlich doch noch fortsetzenden Freund hinüber. Mehr noch als von der Fortsetzung an sich, war er von dessen Wortwahl überrascht.
Es war ein untrügerisches Zeichen dafür, dass es nicht spontan, sondern bereits lange durchdacht war.

Der Wirt hielt beim Abstellen der zwei neuen Bierkrüge inne, witterte er eine Chance auf ein unterhaltsames Gespräch.
Doch Manuel und Christoph nickten nur schweigend.
Es war gleichzeitig ein Dank mit der Bitte wegzutreten.
Damit ging der Alte und gesellte sich wieder zu den anderen in das Spiel vertieften Männern an der Bar.

„Wie meinst du das?"
Christoph hakte schließlich nach. „Heute schlechte Erfahrungen gemacht?"
Der aufmunternde Seitenhieb auf den Freund löste ein Schwappen in dessen angehobenen Bierkrug aus. Nur mit Mühe konnte Manuel den Sturm im Glas ausnivilieren.
Geschafft.
Der stolze Blick wich dem eines wortlosen Vorwurfs an den Freund.
„"Mitmenschen"- das klingt doch irgendwie „nett"" Christoph ließ nicht locker.
Das trostlose Fußballspiel langweilte ihn ohnehin.
„Schon klar, aber „Mitmenschen" schließt für mich „mit" und „Menschen" ein. Dabei trifft man den ganzen Tag eher auf „Nebenmenschen", „Wegmenschen" und im schlimmsten Fall „Gegenmenschen", denen nicht selten selbst das „menschliche" fehlt!"

Da lag der Hund begraben, des Pudels wahrer Kern, mit dem der Freund haderte.
„Jetzt mal im Ernst, Christoph, wie viele von deinen „Mitmenschen" gehen denn tatsächlich „mit" dir mit und wie viele von denen stehen schon morgens auf mit der Gewissheit und dem Vorsatz, sich heute nur selbst zu begleiten?"
Christoph seufzte.
Er diskutierte gern mit Manuel über Gott und die Welt.
Aber viel lieber an Beispielen, Begebenheiten oder Vorfällen als diese Art des hoch philosophischen Gedöns.
Manuel sah es.

„Is' ja nicht so wichtig. Du hast gefragt und ich habe geantwortet."

Damit wandten sie sich wieder dem ereignislosen Fußballspiel auf der Mattscheibe zu.

Doch Christoph verließ der von dem Freund angeschobene Gedanke nicht so schnell, wie er ursprünglich dachte.

„Vielleicht ist dein Blickwinkel auf die Dinge falsch", begann er schließlich kurz vor der Ecke in der 88. Minute.

Fragend sah Manuel zu ihm herüber.

„Du gehst davon aus, dass „Mitmenschen" dich auf deinem Weg begleiten sollten – aber vielleicht ist es deine Aufgabe „mit" den „Menschen" mitzugehen und gemeinsam zu leben. Das heißt, dass du dich mit ihnen arrangieren musst und nicht nur sie sich mit dir."

Der Abpfiff beendete das torlos unentschiedene Spiel ohne wahrliche Höhen und Chancen.

Die beiden Männer blickten einander an.

„Du meinst also ich bin der Schwierige in diesem Spiel?"

Christoph schüttelte leicht zwischen einem Nicken hin und hergerissen den Kopf.

„Nicht du als Person, nur die Erwartungen, die du an deine „Mitmenschen" stellst."

Nadin Brunkau

# Manchmal möchte ich …

Manchmal möchte ich fliegen
Wie ein Vogel hoch und frei
Gleiten durch die Lüfte
Zuversichtlich, dass der Wind uns stetig hält

Manchmal möchte ich schwimmen
Wie ein Fisch im blauen Wasser
Verzaubert von den tausend Farben
Der Korallen und von Fischschwärme umgeben
Zuversichtlich, dass das Wasser uns ewig trägt.

Manchmal möchte ich ein Gepard sein
Schnell wie der Wind
Das hohe Gras im Sprint am Körper spüren
Zuversichtlich, dass uns die Fährte in die richtige Richtung
lenkt.

Manchmal bin ich ganz klein
In einem Staat von Insekten im Dunkeln lebend
Die zugewiesene Aufgabe in der Gemeinschaft zuverlässig
ausführend
Hoffnungsvoll, dass sie kommt, jene Zeit, in der das Leben
unter Tage dem einen Blick in die große weite Welt weicht.

Nadin Brunkau

# Der Flug

„Wie kannst du noch so liebevoll auf etwas schauen, das so grandios untergegangen ist wie die Titanic auf ihrer Jungfernfahrt und dir so unendlich viel Schmerz bereitet hat?"

„Wieso sollte ich nicht? Was wäre denn die Alternative? Das sie nie in See gestochen wäre bevor sie sank?"

„Zum Beispiel. Das wäre zumindest für mich eine logische Vorgehensweise nachdem ich die Leichen meines Traums beerdigt habe!"

„Aber dann hättest du nie das Gefühl von dem „davor" gehabt."

„Dafür wäre mir der Schmerz „danach" erspart geblieben- ich danke!"

„Dann wärst du heute auch nicht der, der du bist, wenn du dieses Glück und seinen Verlust niemals gespürt hättest."

„Das heißt ich soll mich über den Untergang jetzt auch noch freuen? Deine Logik, meine Liebe- ich glaube sie hinkt!"

„Wie viel mehr wiegt denn das Glück, das Erfolgserlebnis oder das Gefühl, das du dabei hattest?"

„Ich würde darauf verzichten, wenn ich gewusst hätte, wie böse es endet!"

„Ich denke, du siehst es aus der falschen Perspektive."

„Was kann man denn daran nicht richtig sehen?"

„ Du sitzt in einem Loch und schaust verzweifelt nach oben."

„Und du nicht?"

„Nein, ich bin geflogen. Immer höher bei dem Gefühl des Glücks, wie auf den Schwingen eines Adlers."

„Und dann?"

„Dann bin ich gescheitert und wieder auf dem Boden gelandet. Und da bin ich immer noch. Auf dem Boden – aber nicht darunter!"

„Das verstehe ich nicht. Erklär' s mir nochmal!"

„Ich bin von ganz oben wieder auf den Boden zurückgekommen. Und du, du scheinst vom Boden quasi nach unten, noch tiefer in ein Loch gesunken zu sein!"

Er sah sie immer noch zweifelnd an.

„Wo ist denn dein Flug und die Strecke des Glücksgefühls geblieben, die dich getragen hat. Immer weiter nach oben und die Strecke gebildet hat, die du wieder herunterfallen kannst? Die den Aufprall gedämpft hat und lediglich einen kleinen Krater um dich herum bildet?"

# Steine

Wie unzulänglich erscheint doch an manchen Tagen das Leben.

Das Leben, in dem wir dann krampfhaft unseren Platz suchen und gleichzeitig versuchen, das verzweifelt aufkeimende Gefühl zu ignorieren, dass es den richtigen für uns vielleicht gar nicht gibt.

Dann wenn uns die Umstände zu widrig, die Grenzen unüberwindbar und die Hürden zu hoch erscheinen.

Wenn wir glauben, zu versagen, zu zerbrechen an den Steinen, die uns das Leben täglich zwischen die Beine wirft.

Wenn wir die anderen beobachten, fast beneiden – all diejenigen, die scheinbar mühelos jedes Hindernis nehmen und uns fragen, wie und warum ausgerechnet sie das schaffen?

Wenn wir uns dann einreden, unsere Steine und Brocken auf dem Weg seien viel größer als ihre Kiesel und sie hätten Hilfe wohingegen wir alleine stehen?

Wenn wir dann einen Moment zu lange zögern und stehenbleiben um zu sehen, dass auch ihre Hände zart und klein sind und nicht denen von erfahrenen Bergarbeitern gleichen, dann sehen wir plötzlich auch einen ihrer Steine in seiner vollen Größe.
Mit offenem Mund und staunenden Augen beobachten wir, wie sie ihn erst zertrümmern und dann in kleinen Stücken zur Seite räumen. Nicht eingeschüchtert, verärgert oder deprimiert. Nein mutig, zuversichtlich und stolz nach dem geschafften Werk.
Sie gehen aufrecht an dem aus dem Weg geräumten Schutt vorbei, ohne zu befürchten, dass ein neues unwegsames Gelände auf sie wartet.

Sie ziehen ihre Kraft und ihre Zuversicht aus all den schon hinter ihnen liegenden Hürden, die sie allesamt gemeistert und ohne bleibenden Schaden genommen haben.

Mit dem ersten Stein hat es einmal begonnen. Der erste der uns allein beim Anblick so oft schon umkehren lässt. Die vielen Gedanken, die unseren Blick auf den schroffen Klotz begleiten und uns zweifeln lassen, ehe wir es überhaupt probieren.

Dann sollten wir daran denken, dass dieser erste Stein der Allerwichtigste ist. Ziehen wir doch aus ihm, wenn wir ihn passiert haben, unsere Kraft und den Glauben an uns. Die Zuversicht, dass wir auch den nächsten zur Seite schieben oder räumen können, immerhin hat es bei diesem ersten auch schon einmal geklappt.

Also ängstigen wir uns nicht vor den Hindernissen die auftreten, sondern sehen sie als Chance, an ihnen zu wachsen. Auch wenn der erste Anblick furchteinflößend sein mag, motivieren wir uns selbst mit dem, unserem Gefühl des „danach".

# Der Flohmarkt

Der Flohmarkt, ein Fundus, ein Refugium und das Paradies für Menschen wie mich, nicht nur wegen der angeborenen Leidenschaft zum Sammeln und Aufbewahren aller möglichen Dinge. Ich liebe Ausflüge zum Trödelmarkt, sind sie doch ein unerschöpflicher Pool an Inspiration. Dann schiebe ich mich gern durch die Gänge, am liebsten zu einer Zeit, wenn es nicht so voll ist. Wenn die Schnäppchen- und Schatzjäger schon lange wieder zu Hause sind und sich über ihre gefundenen, gut verhandelten Errungenschaften freuen.

Ich bin nicht auf der Suche nach dem goldenen Ei. Kein Indianer Jones auf der Suche nach dem längst verloren geglaubten Schatz.

Ich bin ein ruhiger Beobachter wenn ich durch die Gänge wandele, dankbar für diese vielen Eindrücke vom Leben. Wie sie daliegen, die ausgewählten, gemeint gut verkäuflichen Stücke, auf den Klapptischen unbarmherzig der Sonne oder dem Regen ausgesetzt. Die anderen Dinge, die mitgebracht, weil im Keller nur Platz raubend und störend, stehen halb unter den Tischen liderlich in Kisten gepackt.

Ich habe einen Drang zu allem Alten, Gebrauchtem – oh Wunder, dass es mich da hin und wieder auf Flohmärkte zieht.

Ich mag die Gedanken, die sich dort sofort unwillkürlich in meinen Kopf drängen, wenn die angebotenen Sachen mir eine Geschichte erzählen.

Eine Geschichte, ihre Geschichte, die lange endete, bevor diese Dinge hier in den Kisten unter dem Tisch landeten. Ihre Geschichten und die von jemandem, dessen Herzstück sie einst gewesen sind.

Das alte, in Leder gebundene Fotoalbum ist nur noch mit einem übrig geblieben Bild zweier Mädchen bestückt. Wer hielt es einst in seinen Händen und klemmte sorgfältig die Bilder der Kinder hinein?

Und wer nutzte all das abgegriffene Werkzeug und welchen Traum oder welche Dinge erschuf er damit?

Das wunderbare alte Porzellan erzählt von dem ehemals herrschaftlich gedeckten Tisch, an dem sich die große Familie zum Abendessen versammelte.

Der angelaufene Weinkelch hat das eine oder andere Prosit von den Träumern, den Zweiflern und den Hoffenden seiner Zeit gehört.

Das dunkel gewordene Silberbesteck erzählt Geschichten von den besonderen Tagen im Jahr. Jenen Tagen, an denen es aus der Truhe geholt und mühsam blank poliert wurde, ehe es auf der feierlich gedeckten Tafel erstrahlte.

Der Arm an der dort hinten sitzenden, ungekämmten Puppe hängt unnatürlich verdreht an ihr herab.
Bald höre ich den aufgeregten Ruf nach dem Puppendoktor von dem Mädchen, dessen größter Schatz die blauäugige Kleine einmal war.

Die leeren, mit Intarsien reichlich verzierten Holzkisten flüstern leise von den Schätzen und Lieblingsstücken, die sie einst bargen.

Die großen und kleinen Spiegel dort hinten an dem Stand ganz außen scheinen das Spiegelbild, das sie einmal zeigten, in sich gefangen zu haben und nun einem aufmerksamen Blick zu offenbaren.

Die unzähligen Bücher erzählen neben den in ihnen gebannten Geschichten mit den abgegriffenen Seiten die Geschichten der Leser. Derjenigen, die sich zurückzogen mit diesen Schätzen der gedruckten Wörter um der realen Welt für einen Moment zu entfliehen, zu entkommen.

Die Kerzenständer aus Messing auf dem klapprigen alten Tisch sehnen sich schweigend nach dem Kaminsims auf dem sie früher standen.
Wartend auf den Herren des Hauses, der die helle Kerze in ihnen anzündet und damit den ruhigen Ausklang eines langen Tages einläutet.

Ja, ich gebe es zu: Ich bin ein Flohmarkt-Fetischist.
Ich könnte Stunden um Stunden dort verweilen.
Die Dinge beobachten, die Sachen, die mich nicht mehr loslassen dann erwerben, nur um ihnen immer wieder gern bei den Geschichten aus ihrer Zeit schweigend zu lauschen.

Nadin Brunkau

# Lila

Ella sah ihre Mutter an.

Sie war eine zierliche Frau geworden.

Ella konnte sich nicht erinnern, sie je so schmal, fast zerbrechlich gesehen zu haben.

In ihrer Erinnerung war ihre Mutter eine starke, gutaussehende Frau, die mit beiden Beinen fest im Leben stand.

Wann war ihre Mutter Lila so alt geworden? Ella wusste es nicht.

„Hallo Mama."

Sie zog sich einen der hölzernen Stühle so leise wie möglich dicht neben ihre Mutter.

Kurz versucht ihr über das wohlgekämmte, zum Zopf geflochtene graue Haar zu streichen, unterließ sie es dann doch, immerhin wusste Ella, dass Lila das überhaupt nicht mochte.

Ella hörte ihre beiden jüngeren Brüder auf dem Gang. Sie stritten.

'Wie immer eigentlich', dachte sie noch seltsam lächelnd bei dem Gedanken daran, dass sich manche Dinge nie änderten, egal wie alt sie wurden.

„Entschuldige die Verspätung. Die Bahn streikt", flüsterte Ella leise.

Fast bemerkte sie ein kurzes verständnisvolles Nicken ihrer Mutter als sie sie nun direkt ansah.

Blass war sie. Fast durchsichtig schien sich die Haut über das Gesicht der älteren Dame zu legen.

Wo war sie, die das ganze Jahr anhaltende Bräune aus dem kleinen Schrebergarten hinter dem Haus?

Ella schüttelte leicht lachend den Kopf. Es war erst März und die Sonne stand noch nicht hoch am Himmel.

Sie sah die tiefen Falten, fast Furchen quer auf der Stirn ihrer

Mutter. Lila hatte sie schon immer, auch als Ella noch ein Kind gewesen war.

Genau drei Stück.

Vor ein paar Jahren an Weihnachten von ihrem Sohn mit „Anti-Aging" Produkten beschenkt, hatte Lila lachend behauptet, dass jede ihrer Stirnfalten von einem der drei Kinder kommen würde und da nichts mehr zu machen war.

Sie hatten gelacht und versucht, die Falten einander zuzuordnen.

Heute war Ella sich sicher, dass die längste und tiefste der drei Rillen ihr galt, auch wenn ihre Mutter es damals verneinte.

„Du hast viel von deinem Vater, ihr seid euch so ähnlich. Ein Kompromiss, wenn ich dir zugestehe, dass du sie dir mit ihm teilst." Damit hatte Lila die damals hitziger werdende Diskussion unterbrochen.

Wohl wissend, dass Ella die Sturheit ihrer Mutter geerbt hatte und es außer diesem, keine weiteren Zugeständnisse geben würde, hatte die Tochter schließlich eingelenkt.

Ella sah das fast ein wenig verschmitzte Lächeln um Lilas Mund und war sich sicher, dass auch ihre Mutter gern an diese vielen lustigen und schönen Familienzusammenkünfte dachte.

Es war jedes Mal ein klein wenig wie Urlaub machen, wenn Ella mit ihrem in die Jahre gekommenen Auto in die kleine Straße zu ihrem Elternhaus einbog. Sie sah die bunten Fensterläden, die sie als Kinder gemeinsam mit der Mutter gestrichen hatten und die seither nie wieder verändert worden waren. Sie leuchteten trotz der vielen vergangenen Jahre, bald Jahrzehnte und der Verwitterung noch immer oder bildete Ella sich das nur ein?

Der Garten vor dem Haus, durch den Ella dann freudig erwartend auf das Wiedersehen mit ihrer Mutter schritt, wurde von Jahr zu Jahr wilder. Nach dem Tod des Vaters blieben schwere Arbeiten gänzlich liegen, da ihre Brüder eher unzuverlässig waren.

Doch das tat dem Charme des Gartens keinen Abbruch, im Gegenteil, er bekam an manchen Stellen ein ganz wunderbares Eigenleben.

So war es zu Hause:
Alles blieb irgendwie unverändert. Es blieb gleich, auch wenn es mehr und mehr in die Jahre kam.
Nichts von der herrlichen Stimmung am oder im Haus, geschweige denn zwischen ihnen und ihrer Mutter hatte sich je verändert, wenn Lila dann in ihrer blauen Schürze, von der sie mindestens zehn besaß, in der Tür stand und das Haus sowie die Arme einladend öffnete.
„Schön, dass du da bist!"

Ella sah die vielen kleinen Fältchen um die Mundwinkel und auf den blassen Wangen ihrer Mutter. Sie waren kein Zeichen ihres Alters. Vielmehr waren sie der Ausdruck von Lilas humorvoller Art und den vielen lachenden Stunden.
Leise lachte Ella jetzt bei dem Gedanken daran, wie oft Lila bat, mit dem Lachen aufhören zu dürfen und dem Hinweis, „sonst ginge noch etwas in die Hose". Beinahe hörte sie es jetzt, das Giggeln, das Glucksen und den dazwischen formulierten Wunsch, sich endlich wieder beherrschen zu können.

Ella spürte, dass ihr beim Gedanken an das Lachen jetzt selbst die Tränen in die Augen stiegen. Zaghaft wischte sie darüber, ehe sie nach dem umhäkelten Taschentuch neben Lila griff, um die Augen zu trocknen.
Anschließend faltete sie es sorgfältig zusammen, befühlte die feine Häkelarbeit in leuchtend weißem Garn, bevor sie es zurük zu Lila schob.
„Dankeschön."

Erschrocken fuhr sie zusammen, als plötzlich Simon, der jüngste der Brüder die Tür öffnete und den Kopf hereinschob.

„Seid ihr fertig?"

Ella schüttelte den Kopf.

„Habt ihr etwa Geheimnisse vor uns?"

Er versuchte einen Spaß zu machen, doch bevor Ella darauf reagieren konnte, zog ihn der zweite Bruder aus der Tür zurück auf den Flur.

Ella wandte sich wieder Lila zu.

Eine Strähne hatte sich aus ihrem Zopf gelöst und Ella ignorierte Lilas Abneigung gegen diese Berührung, als sie sie nun sanft wieder hinter das Ohr schob.

Wie weich Lilas Haut war, dachte Ella leise.

Plötzlich fühlte sie sich kraftlos.

Ella sah sich in dem kleinen Zimmer um, besah sich die vielen Fotos an den Wänden.

Eine Bildergalerie die von Jahr zu Jahr mit ihrem fortschreitenden Leben gewachsen war.

Es waren Stationen, Stationen aus dem Zug des Lebens ihrer Mutter.

Aus der Zeit mit ihrem Mann, der Zeit als Mutter und schließlich als Großmutter mit den Enkeln.

Ella seufzte leise, als sie wieder zu Lila sah, in ihr wuchs die Angst.

In all den vielen Stationen in ihrem eigenen Leben, den vielen Höhen und Tiefen, war ihre Mutter Lila immer da gewesen. Es gab genug Haltestellen von denen sich Ella plötzlich sicher war, dass sie sie nie allein, ohne Lila, überstanden und so unbeschadet passiert hätte.

Es gab keine Stationen in Ellas Leben ohne ihre Mutter Lila.

Was würde sein, wenn Mutter nicht mehr da war?

Sie spürte den aufsteigenden Kloß in ihrem Hals und die Tränen, die sich erneut ihren Weg nach oben bahnten.

Sie wünschte sich nichts mehr, als dass Lila sie fest in den Arm nahm. Sie einfach festhielt wie damals als Kind und ihr sagte, dass alles gut würde und sie sie nie losließ.

Ella wünschte es sich so sehr.

Stattdessen nahm sie die zarte Hand ihrer Mutter in ihre, verschränkte ihre warmen Finger darum, ehe sie die Stirn langsam darauf ablegte.

Ella schloss die Augen und atmete den wohlbekannten Duft des Raumes, der Stoffe ihrer Mutter tief ein.

„Ich will dir noch so viel sagen, dir danken..." flüsterte sie leise, während die Tränen nun unaufhaltsam zwischen ihre beiden Hände rannen.

Später würde sie nicht sagen können, wie lange sie dort saß, ehe sie die warmen Hände des Bruders auf ihren Schultern spürte.

„Es ist soweit", flüsterte er leise, als sie den Kopf hob.

Durch das Fenster im Erker sah sie den dunklen Wagen vor dem Haus. Ein Fremder, dunkel gekleidet, stieg langsam aus.

Es war soweit.

Sie würden Lila holen und Ella hatte Angst.

Sie wusste nicht, wovor mehr: Vor dieser, Lilas letzter, oder ihrer ersten Station als Tochter, allein.

Nadin Brunkau

# Freisein

„Wie meinst du das: Du bist nicht frei?"

„Ich kann nicht wie ich will."

„Warum nicht?"

„Ich kann einfach nicht!"

„Was bremst dich denn?"

„Ich, mich."

„Das verstehe ich nicht."

„Kannst du auch nicht."

„Dann erklär es mir doch!"

„Kann ich nicht!"

„Warum nicht?"

„Weil du es nicht verstehen würdest!"

„Du versuchst es ja gar nicht erst!"

„Weil ich nicht kann!"

„Warum kannst du es nicht?"

„Weil ich Angst habe, dass du es nicht verstehst!"

„Aber wie soll ich es denn verstehen, wenn du es mir gar nicht erklärst?"

„Ich kann es dir nicht erklären!"

„Du kannst nicht oder du willst nicht?"

„Beides."

„Und wie soll ich dir dann helfen?"

„Sollst du gar nicht."

„Möchte ich aber – du bist mir doch wichtig!"

„Kannst du aber nicht."

„Dir geht es doch gut. Du hast alles, was man zum Leben braucht und noch mehr!"

„Ich weiß!"

„Andere wären glücklich, wenn sie das alles hätten!"

„Ja."

„Du kannst doch machen, was du willst."

Schweigen.

„Ich verstehe dich nicht."

„Siehst du, das hab ich dir doch gleich gesagt!"

Seufzen.

Sie stand langsam auf von der Bank im kleinen Park.

„Ich komme morgen wieder."

„Okay."

„Vielleicht können wir morgen darüber sprechen."

„Vielleicht."

Das gleiche „vielleicht" wie in den vergangenen Wochen.

Schweigend schloss sie das Tor der Klinik hinter sich.
Es fühlte sich an, als sperrte sie ihn hier ein. Es war ein Gefühl, das jäh nach ihr griff als sie durch das Tor und hinaus auf die Straße trat.
Er war gefangen.
Doch nicht hier drin. Diese Tür konnte er jederzeit öffnen, jedoch nicht die Tür zu dem Gefängnis in seinem Kopf.

Nadin Brunkau

# Die Macht der Gefühle

Die Erinnerungen verblassen.

Vor allem die schlechten.
Wer von uns kennt das nicht, diese Phänomen.
Jahre nach einem unmöglichen, Nerven aufreibenden, bald beziehungskillenden Horrorurlaubs, wird plötzlich der Strand eigentlich doch ganz schön...
Irgendwie verblassen sie diese negativen Eindrücke.
Vielleicht ist es ein Schutzmechanismus der Evolution, der uns damit hilft und vorgaukelt, nach einigen negativen Erfahrungen nicht im Reich der Depressionen unterzugehen.

Und dann gibt es sie, diese schönen Momente, die von Jahr zu Jahr heller, leuchtender und fast glorifiziert hervortreten.
Glücksmomente, Höhenflüge, die uns noch Jahre später allein beim Gedanken daran erneut auf diesen Flug mitnehmen.

Die erste Liebe wird zum Inbegriff der rosaroten Wolke.
Vielleicht ein Leben lang suchen wir nach jemandem Vergleichbaren, der uns dieses Gefühl noch einmal schenken kann.
Die erste Liebe, so unzulänglich sie vielleicht war oder so qualvoll sie zu Ende ging, sie bleibt ein Gefühl, dass uns nie wieder verlässt.

So gibt es noch einige dieser Momente im Leben, die uns umgaben wie göttliches Licht.
Heute noch erscheinen sie mit einem imaginären Heiligenschein gekrönt, stilisiert, irgendwie unwirklich und dennoch oder gerade deshalb bleiben sie uns in Erinnerung.

Nadin Brunkau

Es sind genau diese Glücksmomente, so lange oder so kurz sie letztendlich auch sein mögen, die uns antreiben stetig vorwärts zu gehen.
Sie zu suchen, zu finden, zu fühlen und einen Moment festzuhalten ohne darüber nachzudenken, wie vergänglich sie sind.

Selbstverständlich fällt das schwer.
Bald mag es das Schwerste im Leben sein, dieses Nicht-Wissen wie lange das Glück dieses Mal bleibt und es dennoch ohne Angst vor dem Verlust tatsächlich zu genießen.

Einen Spaziergang im Wald, einen Abend mit Freunden, eine Urlaubsreise, einen freien Tag, einen Sieg oder eine Liebe – sie dankbar anzunehmen, die Minuten, Stunden, Tage oder Jahre ohne über ihre Vergänglichkeit nachzudenken.

Sie zu genießen für den Moment und sie wirklich zu spüren und das, was sie in diesem Augenblick mit uns machen.
Wie sie unsere Brust erweitern, den Rücken durchstrecken. Uns spüren lassen, wie wir atmen. Tief ein und aus, aufblühen bei diesem Leben schenkenden Atemzug.
Es zu spüren, mit jeder Faser unseres Körpers, damit es auch in jeder einzelnen Zelle tief innen ankommt, das Leben.

Wir speichern diese Eindrücke für die Tage, an denen wir sie vergeblich suchen: Diese Lichtblicke, Sonnenstrahlen für die Seele und das Gemüt.
Wenn wir warten, bald verzweifelt darauf hoffen, dass sie zurückkehren, dann können wir sie vielleicht übergangsweise abrufen, diese Gefühle und Emotionen, die uns schon einmal haben fliegen lassen.

So schenken sie uns doch die Zuversicht, die Hoffnung und die Gewissheit, dass auch sie ihren Weg zu uns zurück finden werden.

Also bestreiten wir daraufhin unser Leben hoffnungsvoll gepaart mit der Sehnsucht, dass diese Momente, die wir gemeinhin „Leben" nennen, auch uns bald wieder vergönnt sein werden.

Nadin Brunkau

# Wenn die Liebe zerbricht

Ist es ein Gewitter am dunklen Herbsttag
Ein Donner, ehe die ersten Tropfen fallen.
Ein Grollen, als ob sich Höllentore quietschend öffnen ehe sie
Einen Abgrund offenbaren
Von dem man nie wusste
Ob es ihn wirklich gibt

Wenn die Liebe zerbricht
Ist es ein Flüstern, ein Raunen
Zwischen den dicken Schneeflocken
Die langsam stumm zur Erde schweben
Sich legen auf den schweigenden kalten Boden
All die Tränen und das gebrochene Herz
Unter ihnen verdecken

Wenn die Liebe zerbricht
Ist es ein Wispern, ein Rascheln
Wenn sich im Frühling die Knospen
An den Bäumen öffnen.
Sich neues Leben entfaltet
Sich bildet an dem alten verletzten Stamm
Die neuen Blätter von dem in ihm überdauernden Leben
zeugen
Ehe sie endgültig entfaltet
Mit ihrem Grün Hoffnung spenden

Wenn die Liebe zerbricht
Trägt der Baum bei den wärmenden Strahlen neue Früchte
Ihre Farben leuchten von weitem gut sichtbar
Er nährt die Frucht
Während die grünen Blätter sich schützend um sie legen
Neues Leben, neue Zuversicht zeigen,
Wenn an diesem Geäst, das vernarbt von den fehlenden alten
Ästen
Im Sommer mutig und kraftvoll neue Triebe austreiben.

Nadin Brunkau

# Rush Hour im Stau

Ist es die Welt da draußen oder eher die Welt in uns selbst, die uns hin und wieder ins Straucheln bringt?

In diesen Situationen, in denen wir beginnen, an uns zu zweifeln, vielleicht groteske Selbstgespräche mit uns führen oder Überzeugungsarbeit bei den auf den Schultern sitzenden Teufeln leisten. Sie beruhigen, ihnen gut zureden und sie zum Umdenken anleiten, wenn wir meinen, dass sie sich mit voller Fahrt in eine Einbahnstraße katapultiert haben und sie dann rückwärts lotsen aus der viel zu engen Gasse.

Ein Vorgang der bei den herumstehenden Gaffern nur ungläubiges Kopfschütteln hervorruft: „Wie um alles in der Welt ist sie/er da nur hineingeraten?"

Wenn wir es dann schaffen, unversehrt dieses Nadelöhr zu verlassen, reihen wir uns ein in den während der Rush Hour gefüllten, bald stehenden Verkehr, auf der mehrspurigen, gut ausgebauten und ausgeschilderten Straße vor uns.

Wir beobachten sie bald wie Zuschauer in einem Schauspiel all die Genervten, unnötig Hupenden neben ein paar wenigen Gelassenen in ihren Autos.

Den Einen, der die notgedrungene Rast im Stau mit einem Brötchen im Mund und der laut aufgedrehten Lieblingsmusik überbrückt.

Die Frau im nächsten Auto beschäftigt die Kinder mit dem nie endenden, immer einen neuen Anfang findenden „ich sehe was, was du nicht siehst"- Spiel.

Wir sitzen im Innenraum unseres Autos, überlegen immer mal wieder die Spur zu wechseln in diesem Stau des Lebens, wohl wissend, dass wir damit jedoch nicht die Richtung ändern können.

Gezwungen lassen wir uns daher treiben im Mainstream mit all den anderen. Wir sind beinahe aus Ermangelung an Alternativen gezwungen, uns immer wieder mit ihnen zu vergleichen. Mal sind sie einen Meter vor uns, dann rollt es wieder auf unserer Spur. In der Annahme, dass wir sie nun hinter uns gelassen haben, sind wir beinahe erstaunt, wenn sie nach einigen Kilometern plötzlich wieder neben uns sind.

Wir denken zurück an die vorherige Fahrt über Land. Die Umwege, die wir vielleicht wegen mangelnder Ortskenntnis gemacht haben.

Lächelnd fallen uns die schönen Landschaften ein, das Leben der bisher unbekannten Landbevölkerung, das wir staunend bei der Fahrt in der Sonne beobachteten.

Die Eindrücke, die Farben der im Wind wehenden Bäume, die Schafe, die uns auf der Straße stehend plötzlich den Weg versperrten, ehe der sanftmütige Schäfer uns mit seinem hundertjährigen Stock um Geduld bat und die blökenden Tiere von der Fahrbahn trieb.

Es war dieses Stück Freiheit, dass uns über die mit Bäumen gesäumte kilometerlange Allee trug und unser sorgfältiges Abbremsen vor den enger werdenden Kurven, das uns einen sicheren Blick auf die neuen Eindrücke dahinter bot.

Wir erinnern uns an dieses Gefühl, während wir jetzt hier in dem viel zu stickigen Auto sitzen und auf der mehrspurigen Straße im Stau mit allen anderen feststecken.

Schon jetzt fiebern wir der kommenden Ausfahrt entgegen, auch wenn wir nicht wissen, wohin sie uns bringt, so sind wir doch fest entschlossen, diese ausgebaute Straße des Lebens am nächsten Punkt wieder zu verlassen.

Mit unserem Ausscheren machen wir Platz für die Aufatmenden, die danach an ein schnelleres Vorankommen glauben.

Während sie weiter den Blick nach rechts und links in die gleichmäßig surrenden Autos werfen, die Kinder darin zählen oder die Paare charakterisieren. Während sie sich aus Mangel an neuen Eindrücken mit diesem begnügen, fahren wir aufatmend an der rettenden Abfahrt aus.

Die Kreuzung am Ende der langgezogenen Kurve verlangt eine Entscheidung von uns: rechts oder links. Wir atmen befreit auf, allein schon bei dieser Option, endlich nach den Stunden im Stau wieder etwas entscheiden zu dürfen.

Der einströmende Fahrtwind weht durch die geöffneten Fenster hindurch und treibt die vom stundenlangen Stehen verbrauchte Luft aus dem Auto.

Unwissend, wohin diese Reise oder ihre Strecke uns führt, genießen wir das Blau des Himmels über den wippenden Baumkronen beidseitig der breiten Allee mit weitem Blick.

Nadin Brunkau

# Die Bilanz

Es ist die Welt in uns, von der wir glauben, dass wir sie gut kennen, immerhin leben wir in ihr seit unserer Geburt.

Wir gehen davon aus, dass uns ab einem gewissen Alter zumindest nichts Unerwartetes oder Unbekanntes mehr begegnen wird. Wir haben sie erlebt jene Grenzerfahrungen, wie wir sie nennen, von „himmelhochjauchzend" bis „zu Tode betrübt". Wir waren glücklich, fühlten Trauer, Stolz und wurden trotz Vorsicht hin und wieder verletzt. Wir haben sie eingerichtet, die Welt in uns, und uns in unserem realen Leben und dem Alltag. Sich manch einer mehr, der andere weniger, daran und darin ganz gut ausgerichtet. Wir fühlen uns wohl. Am wohlsten in unserer Comfortzone und am unwohlsten, wenn jemand kommt, der ihre Grenzen bedroht.

Wir fühlen uns sicher. Gewappnet vor Angriffen von außen und vertrauen auf die Stärken, die sich in all den Jahren in uns gefestigt haben. Oft sind wir uns sicher, dass wir, was auch immer kommen mag, vielleicht kurz wanken, aber nicht mehr wirklich ins Straucheln geraten.

Und dann kommt vielleicht jemand und stellt diese, unsere Welt auf den Prüfstand. Nicht mit äußeren Katastrophen, sondern nur mit einem Hinterfragen an und in uns selbst. Er treibt uns nicht aus unserer Wohlfühlzone heraus. Vielmehr ist er sogar unser Gast und hat nicht die Absicht uns zu verletzen.

Er erscheint wie jemand, der die Inventur des Lebens macht.

Ein Revisor, gerade noch rechtzeitig, um nicht mit Fehlbeträgen zu scheiden.

Er ist derjenige, der die Lebensbilanz gewissenhaft prüft und die eine oder andere Position zum besseren Verständnis hinterfragt.

Und während er lediglich prüft, beginnen auch wir nachzudenken, ob die Bilanz unseres Lebens tatsächlich ausgeglichen ist. Ob wir eventuell Positionen hineingebucht haben, um sie zu verstecken oder ob alles seine Richtigkeit hat.

Wenn abschließend nach der Prüfung Soll und Haben aber nicht mehr stimmen, immer dann, wenn die eine oder andere Position mit einer Korrekturbuchung bereinigt werden musste, sind wir gezwungen, diesen Fehlbetrag irgendwie auszugleichen, um zu verhindern, dass der Lebensabschluss am Ende nicht stimmt.

# Wenn Träume wahr werden

Ist es wie ein Geschenk
Wie ein Rausch
Ungebremst geben wir uns ihm hin

Leben die Farben
Tanzen die Töne
Fühlen uns lebendig
Bald unverwundbar

Das großartige Gefühl
Etwas geschafft zu haben
Trägt uns sicher
Über stürmische Gezeiten

Bewahrt uns davor
Mit der Flut unterzugehen
Oder bei Ebbe
Auf dem sandigen Boden zu stranden

Wenn Träume wahr werden
Zeigt uns das Leben wie schön es ist
Und hält uns an
Jeden dieser Momente zu genießen

Sie einzuschließen
Ganz tief in uns zu tragen
Um dieses Gefühl
Als Anker für stürmische Zeiten zu bewahren

Wenn wir niemals
Diesen Moment erleben
In dem wir das spüren und fühlen
Könnten wir denn dann ehrlich sagen,
Wir haben wirklich je gelebt?

Und sei der Augenblick
Auch noch so kurz und flüchtig
Haltet ihn ganz fest
Ist doch die Summe ihrer das,
Was man am Ende Leben nennt.

Das Leben leben

Nadin Brunkau

# ÜBER DIE AUTORIN

Die 1976 geborene Autorin Nadin Brunkau veröffentlicht
dieses Buch unter dem Pseudonym ihres Mädchennamens.
Sie lebt in Baden-Württemberg, ist gelernte Bankfachwirtin,
verheiratet und Mutter von drei Kindern.

Bisher bekannt wurde sie als Autorin ihres Blogs :
www.bookwannabe.com ,
den sie regelmäßig mit Geschichten, Gedanken und Shortcuts
über das Leben, die Menschen und ihr größtes Hobby: das
Schreiben selbst füllt.

Nadin Brunkau

# VERÖFFENTLICHUNGEN

**„zauberhaft und weihnachtsweise"**
Kurzgeschichten und Gedichte zur Weihnachtszeit:
ISBN: 15 19 10 75 36
ISBN-13: 978-1519 1075 34

**„Vom Schreiben schreiben – wenn Bilder Worte malen"**
Kurzgeschichten, Gedanken und Gedichte
ISBN: 15 19 23 07 10
ISBN-13: 978-1519 2307 13

**„Das Leben leben – in all seinen Farben"**
Kurzgeschichten, Gedanken und Gedichte
ISBN: 15 19 36 49 70
ISBN-13: 978- 1519 3649 75

**„Wer von Sünde spricht"**
Roman
ISBN: 1537181920
ISBN-13: 978-1537-181929

Anthologie des Autoren_Netzwerkes
**„Hinter den Kulissen – wenn Worte zu Geschichten werden"**
zugunsten der Stiftung „Brot und Bücher" von Tanja und Werner Kinkel
Sowie **„Sommer und noch mehr"** – Band 2

Beziehbar als ebook und Taschenbuch
Über Amazon.de

Nadin Brunkau

www.ingramcontent.com/pod-product-compliance
Lightning Source LLC
Chambersburg PA
CBHW022342290526
45786CB00014B/2370